© 2011 Editora Globo S.A.
© 2009 Vicki Myron

Todos os direitos reservados. Nenhuma parte desta obra pode ser apropriada e estocada em sistema de banco de dados ou processo similar, em qualquer forma ou meio, seja eletrônico, de fotocópia, gravação etc. sem a permissão dos detentores dos *copyrights*.

Editora responsável
Cecília Bassarani
Editoras
Camila Saraiva
Luciane Ortiz de Castro
Assistente editorial
Lucas de Sena Lima
Editora de arte
Adriana Bertolla Silveira
Diagramadores
Fernando Kataoka
Gisele Baptista de Oliveira

Ilustrações
Steve James
Tradução
Cynthia Costa
Revisão
Denise Santos

Texto fixado conforme as regras do Novo Acordo Ortográfico da Língua Portuguesa (Decreto Legislativo nº 54, de 1995).

Dados Internacionais de Catalogação na Publicação (CIP)
(Câmara Brasileira do Livro, SP, Brasil)

Myron, Vicki
   Dewey : O gato da biblioteca / Vicki Myron e Bret Witter ; ilustrações Steve James ; [tradução Cynthia Costa]. — São Paulo : Globo, 2011.

   Título original: Dewey : there's a cat in the library!
   ISBN 978-85-250-4967-4

   1. Dewey (Gatos) 2. Gatos de biblioteca - Spencer, Iowa - Biografia 3. Relação homem-animal I. Witter, Bret. II. James, Steve. III. Título.

11-00786   CDD-638.8

Índice para catálogo sistemático:
1. Dewey : Gatos de biblioteca : Biografia 638.8

1ª edição, 2011

Editora Globo S.A.
Av. Jaguaré, 1.485 – Jaguaré
São Paulo – SP – 05346-902 - Brasil
www.globolivros.com.br

Este livro foi composto em Caxton e impresso em papel *couché* fosco 115 g/m² na Yangraf. São Paulo, Brasil, abril de 2011.

Para Hannah, Nathan e Ryan
— V.M.

Para Lydia e Isaac
— B.W.

Dewey
O gato da biblioteca

Vicki Myron e Bret Witter
Ilustrações Steve James

Editora Globo

Toda noite, as pessoas devolviam livros para a pequena biblioteca na cidade de Spencer, no estado de Iowa, nos Estados Unidos. Eram livros engraçados, livros grandes, livros sobre caminhões, livros de porquinhos — livros de todo tipo.

Mas numa noite,

a noite mais fria do ano,

alguém deixou lá uma estranha surpresa...

Um gatinho.

Quando a bibliotecária Vicki encontrou o gatinho
pela manhã, ele estava com frio, assustado e muito,
muito sujo. Vicki decidiu então lhe dar um banho
quente. O gatinho, que estava marrom de sujeira
e choroso quando entrou na bacia, saiu de lá
cor de laranja e ronronando.

— Vou ficar com você — decidiu Vicki,
já apaixonada por ele.

— Seu nome será Dewey Leia Mais Livros.
Pode morar aqui e ser o gato da biblioteca.

Mas Dewey não fazia ideia do que era ser o gato da biblioteca.
Então ele fez o que todo gatinho faz — começou a brincar.

Deitou no jornal...

Andou no carrinho de livros...

E derrubou as canetas no chão.

Divertiu-se com o ratinho Marty...

Xeretou nas gavetas abertas...

...onde sempre encontrava pelo menos um elástico.

Mas Dewey gostava mesmo era das pessoas.
As altas. As rechonchudas. As quietinhas. As barulhentas.
As pequenas, porém, o surpreendiam, nem sempre positivamente.

— Veja, Nathan — disse a mãe.

— Tem um gato na biblioteca.

Nathan se abaixou e disse:

— Oi, Hoowey Teia das Tribos.

— Não — corrigiu sua irmã Hannah.

— É Dewey Leia Mais Livros!

Dewey se encolheu. O menino o estava afagando
na direção errada! Dewey adorava cafuné, mas odiava
ser afagado na direção errada.

Dewey estava ajeitando seu pelo quando ouviu um barulho estranho.

"Uaaaa!"

As orelhas de Dewey ficaram em pé. Ele olhou ao redor.

"Uaaaaaaaa!"

"Uaaaaaaaaaaa!"

Dewey se ergueu em alerta e foi andando bem devagar na direção de onde vinha o som.

Surpresa!

As pessoas pequenas, descobriu Dewey, também existiam em miniatura!

E elas adoravam dar risadinhas.

E agarrar.

E puxar.

E balbuciar.

"Bebês são maravilhosos" — pensou Dewey.

"Meigos e cheirosinhos também."

Alguns dias depois, Dewey estava explorando o ambiente quando descobriu, no quarto secreto, a coisa mais empolgante que já tinha visto. A hora do conto para crianças!

"Pelos meus bigodes, isso parece divertido!" — pensou Dewey, colocando o focinho dentro da sala.

Alguém gritou:

— Tem um gato na biblioteca!

Dewey ficou paralisado.

Todo mundo ficou quieto por um minuto.

Quando se deu conta, Dewey estava sendo carregado de cabeça para baixo.

"Minha nossa" — pensou Dewey, "o que devo fazer agora?"

Mais tarde, naquela noite, Dewey conversou com seu amigo, o ratinho Marty.

— A biblioteca é um lugar maravilhoso — disse Dewey —, mas estou cansado de ser puxado e levado para cima e para baixo de ponta-cabeça. Não sou apenas um gato numa biblioteca, sou um Gato de Biblioteca. E eu acho que um Gato de Biblioteca ajuda as pessoas. Tenho noventa e dois por cento de certeza de que é por isso que estou aqui.

O ratinho Marty não disse nada.

— É isso que vou fazer — continuou Dewey. — Vou ajudar as pessoas. E ficou tão feliz que jogou o ratinho Marty para cima, deu um coice nele e depois o fez de travesseiro para dormir.

Na manhã seguinte, quando as primeiras pessoas chegaram, Dewey estava esperando para saudá-las na porta da frente.

Durante toda a manhã, Dewey se comportou como um Gato de Biblioteca. Leu com as mamães e com as vovós...

Ajudou os papais a trabalhar...

E até arrumou os livros nas prateleiras com a atendente.

Quando viu o pequeno Nathan, deu uma volta e meia para que o menino pudesse afagar as suas costas da cabeça até o rabo — o jeito certo de se afagar um gato.

— Estou feliz de sermos amigos, Di-u-i-zi-nho — disse Nathan.

Dewey sorriu.

Na hora do almoço, Dewey já estava bem cansado.

Então encontrou uma caixa perfeita.

Primeiro colocou as patas dentro, depois a barriga.

Conseguiu colocar o traseiro, ajeitou-se

até se encaixar todo lá dentro...

E fechou os olhos.

— Tem um bolinho de laranja na biblioteca — cochichou uma menina.

Mas, quando Dewey começava a mergulhar em doces sonhos felinos, ele ouviu um suspiro profundo. Abriu os olhos e viu uma menina do outro lado da biblioteca.

Uma menininha triste, lendo sozinha.

Então ele viu a jaqueta dela e teve uma ótima ideia...

Travessura sempre funciona!

Hoje vou ser um gato travesso!

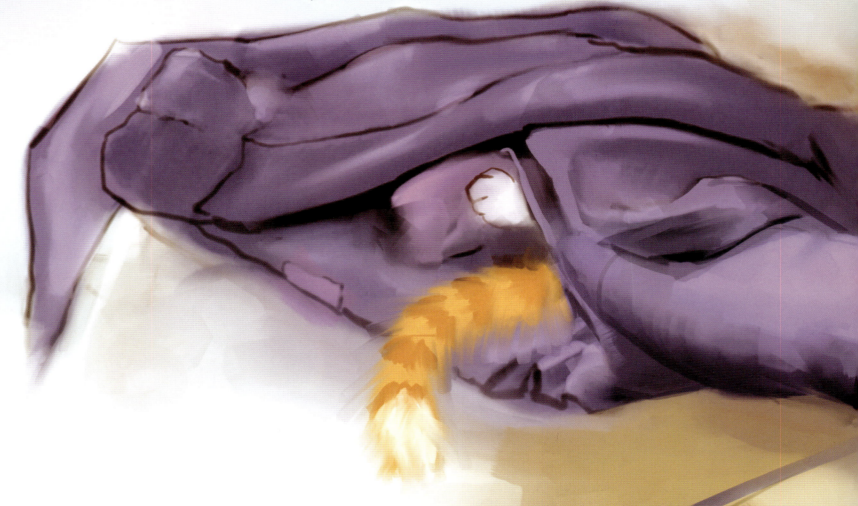

A menina olhou para Dewey.

— Você parece um cachorro-quente peludinho no pão roxo — disse ela.

E daí ela fez algo inesperado.

E muito bom.

Ela riu bem alto.

— Eu te amo, Dewey Leia Mais Livros — sussurrou a garotinha, enquanto Dewey se aconchegou no colo dela e começou a ronronar.

"Agora sim" — pensou Dewey, enquanto a menina o afagava com carinho.

"Sou um Gato de Biblioteca DE VERDADE e isso é muito bom."

Era melhor do que muito bom.

Era... miau-gnífico!